# Inhalt

## Controlling in der Verwaltung - woran es bei der Einführung hapert

Kernthesen

Beitrag

Fallbeispiele

Weiterführende Literatur

Impressum

# Controlling in der Verwaltung - woran es bei der Einführung hapert

*Robert Reuter*

## Kernthesen

- Die öffentliche Verwaltung will effizienter werden, tut sich bei der Einführung von Controlling aber schwer.
- Der Grund dafür ist die Kameralistik, die gar nicht die Kennzahlen liefert, die ein Controller bräuchte.
- Schon seit Jahrzehnten soll die deutsche Verwaltung darum auf Wirkungsorientierung und Doppik umgestellt werden. Dieser Prozess verläuft jedoch schleppend.

# Beitrag

# Verwaltung soll effizienter werden

Schon seit vielen Jahren wird versucht, die öffentlichen Verwaltungen in Deutschland zu reformieren. Prinzipiell lässt sich dabei sagen, dass die Verwaltungen bessere Instrumente zur Haushaltssteuerung einsetzen und hierdurch zu mehr Effizienz kommen sollen. Wichtige Reformvorhaben sind die Umstellung auf den sogenannten "wirkungsorientierten Haushalt" und die Einführung der Doppik. Diese Reformziele wären, wenn sie denn einmal erreicht würden, die Voraussetzung für ein echtes, kommunales Controlling, an dem es in der deutschen Verwaltung bis jetzt immer noch hapert. (1), (2)

# Wirkungsorientierter Haushalt statt Inputsteuerung

Der Reformprozess der deutschen Verwaltung zieht sich schon lange hin. Bereits Anfang der 90er Jahre wurde unter dem Schlagwort "Neues

Steuerungsmodell" der Umbau in die Wege geleitet. Das Ziel der Reform ist nicht weniger als die Abkehr von der altbekannten Kameralistik. Diese Form der Verwaltung beschränkt sich vereinfacht ausgedrückt auf die exakte Aufzeichnung von Einnahmen und Ausgaben. Da dieses herkömmliche Verwaltungsverfahren stark von den verplanbaren Einnahmen ausgeht, spricht man auch von Ressourcen- oder Inputsteuerung. Im Umkehrschluss bedeutet eine einfache Kameralistik, dass sich die Ausgabenpolitik einer Behörde zuerst daran orientiert, wie viel Geld da ist. Was bei der Inputsteuerung aber fehlt, ist die Beurteilung der Ausgaben hinsichtlich ihrer Effizienz und damit ihrer Wirkung. So werden bei der Inputsteuerung die bereitgestellten Mittel verplant, ohne dass der mit diesen Mitteln erbrachte produktbezogene Output oder die Wirkungen im Haushaltsverfahren beraten und festgelegt werden. Die wirkungsorientierte Verwaltung hingegen beschafft sich Kennzahlen, aus denen sich ablesen lässt, ob Budgetgelder die erhoffte Wirkung erzielt haben oder ob sie nicht besser anders verwendet werden sollten. Das Ergebnis wäre ein effizienteres Verwaltungshandeln, das klare Informationen darüber besitzt, was mit eingesetztem Geld erreicht wurde und was nicht.

In der Verwaltungspraxis hat sich die Wirkungsorientierung zum Ärger vieler Experten jedoch noch nicht durchgesetzt. Von einigen Pilotprojekten abgesehen, beharren die Verwaltungen auf dem Gewohnten. So hält sich die für das Inputverfahren übliche Abgrenzung von Zuständigkeiten immer noch zäh. (1), (2)

## Doppik als Grundlage für ein effektives Controlling

Kernelement einer wirkungsorientierten Steuerung der Ausgaben ist die Doppik. Das Kunstwort steht für "**Dopp**elte Buchführung **in K**onten". Die doppelte Buchführung wurde, wie die Kameralistik, bereits vor Jahrhunderten erfunden, wobei die Doppik heute aber nur für Wirtschaftsunternehmen vorgeschrieben ist. Kennzeichnend für die Doppik ist die Abbildung des haushalterischen Handelns in einer großen Zahl von Konten. Gegenüber der Kameralistik hat die Doppik damit den Vorteil, dass Ressourcen und Ausgaben immer klar vorliegen, wodurch die wirtschaftlichen Auswirkungen von Entscheidungen transparent werden. Zudem zeigt die doppelte Buchführung klar an, wo und wie sehr Städte und Kommunen über ihre Verhältnisse leben. Die Einführung der Doppik ist damit die Grundvoraussetzung für ein wirkungsorientiertes Verwaltungshandeln, das sich überdies durch Controllinginstrumente steuern ließe. Dass in den meisten Verwaltungen ein effektives

Controlling noch nicht stattfindet, hat seine Ursache oft darin, dass die wirkungsorientierte Haushaltsführung und die Doppik zwar eingeführt sind, in den Verwaltungen aber dennoch die alte Input-Orientierung weitergelebt wird. Baden-Württemberg und Sachsen-Anhalt haben kürzlich sogar beschlossen, die bis 2016 (Baden-Württemberg) und 2013 (Sachsen-Anhalt) anvisierte Einführung der Doppik auf unbestimmte Zeit zu vertagen. (2), (8)

## Wirkungsorientiertes Controlling in Leverkusen

Beispiele für eine komplett eingeführte wirkungsorientierte Steuerung gibt es in Deutschland fast gar nicht. Ein Leuchtturmprojekt findet sich jedoch in Leverkusen, wo die Wirkungsorientierung zumindest in der kommunalen Altenhilfe seit 2005 Anwendung findet. Mittel fließen hier nur noch, wenn die Träger konkrete Effekte nachweisen, die den strategischen Zielen der Stadt entsprechen. Verbunden mit der Neuausrichtung war der Abschied von Pauschalzuschüssen. Zudem wacht ein wirkungsorientiertes Controlling über die Effektivität der Maßnahmen und macht so Kurskorrekturen möglich. Sowohl die Qualität als auch die Intensität der freien Altenhilfe konnte durch Wirkungsorientierung und Controlling deutlich gesteigert werden. Heute weist Leverkusen im Vergleich aller kreisfreien Städte Nordrhein-Westfalens die geringste Haushaltsbelastung bei der Unterstützung der Altenpflege auf.

Trotz dieser Erfolge hat der Sozialdezernent Leverkusens, Frank Stein, Zweifel daran geäußert, ob ein ausschließlich kennzahlenbasiertes Controlling in der öffentlichen Verwaltung möglich ist. Dafür sei die Wirklichkeit, und gerade die soziale Wirklichkeit, einfach zu komplex. Controlling in der Altenhilfe, so Steins Erfahrung, funktioniert nur, wenn Kennzahlen und verbale Beschreibungen gleichermaßen für Entscheidungen herangezogen werden. (3)

# Trends

## Hilfe durch die EDV

Auch für die Doppik und wirkungsorientiertes Controlling werden immer mehr Computerprogramme geschrieben und angeboten. Ein lückenloses, durchgängiges Softwaresystem rund um das kommunale Rechnungswesen liefert Datev. Neben bundeslandspezifischen Kontenrahmen für die Finanzbuchführung enthält das Programmpaket Anwendungen für den Jahresabschluss, die

Finanzrechnung und den Zahlungsverkehr. Darüber hinaus ermöglicht das System laut Hersteller eine unkomplizierte Budgetierung, Mittelbewirtschaftung und Haushaltssteuerung.

Die Gemeinde Leopoldshöhe im Kreis Lippe hat sich für die kommunale Internet-Datenbank IKVS entschieden. Hierbei handelt es sich um ein Interkommunales Vergleichssystem, das vom Gesamthaushalt bis hin zum einzelnen Produkt Kennzahlen ausweist. Diese können von der Gemeinde für die Haushaltssteuerung und für das Controlling verwendet werden. (4), (5), (9)

# Fallbeispiele

## Essen setzt auf Doppik

Die Stadt Essen hat die Doppik bereits eingeführt. Auch hier hat die neue Buchführung erstmalig klar vor Augen geführt, wo die Stadt Defizite in welcher Höhe erwirtschaftet. Vor der Umstellung im Jahr 2007 wurden in der Buchführung der öffentlichen Verwaltung lediglich Einnahmen und Ausgaben festgehalten, was kaum über die Arbeit eines Kassenwartes hinausging. Essen macht nun die Erfahrung, dass der Bau etwa eines Kindergartens nicht nur das Ausgabenbudget belastet, sondern das Anlagevermögen der Stadt vermehrt. Controlling ist nun auch bei Gehältern und Pensionen möglich. Während früher bei einem Beamten nur das Gehalt zu Buche schlug, wird jetzt auch die später zu zahlende Pension in der Bilanz berücksichtigt. (1)

## Prozessmanagement in der öffentlichen Verwaltung

Das Kompetenzzentrum eGovernment der Universität Münster hat zusammen mit Partnern ein deutschlandweites Forschungsprojekt zum Prozessmanagement in öffentlichen Verwaltungen durchgeführt. Das Ergebnis ähnelt den Befunden hinsichtlich der Einführung von Controlling in Behörden: Professionelles Prozessmanagement steckt in vielen Bereichen des öffentlichen Sektors noch in den Kinderschuhen. Besondere Schwachstellen haben die Wissenschaftler in den Bereichen Organisation, Personalwesen, Prozessoptimierung und Dokumentation ausgemacht. (6), (7)

## Weiterführende Literatur

(1) Was es kostet, was es bringt
aus Die ZEIT Nr. 37 vom 09.09.2010 Seite 071

(2) Alte Zöpfe abschneiden
aus Der Neue Kämmerer vom 13.05.2011, Nr. 2, S. 4

(3) Das Wissen der Vielen nutzen
aus Der Neue Kämmerer vom 18.02.2011, Nr. 1, S. 11

(4) Anspruch und Wirklichkeit kompass21 oder wie man lernt, seine Zahlen (richtig) zu lieben!
aus eGovernment Computing Nr. 006 vom 16.05.2011
Seite 016

(5) Kennzahlen bieten Orientierung Kommunale Internet-Datenbank vorgestellt
aus Neue Westfälische vom 27.05.2011

(6) Workflow-Optimierung im Öffentlichen Sektor Prozessmanagement. Einfach. Machen.
aus eGovernment Computing Nr. 008 vom 18.07.2011
Seite 003

(7) Das effiziente Rathaus
aus Rheinische Post Nr. vom 22.06.2011

(8) Verpflichtung zur Doppikeinführung gekippt
aus Der Neue Kämmerer vom 15.07.2011, Nr. 3, S. 3

(9) Umstellung auf die Doppik
aus Bayerische Staatszeitung, 02.11.2007, S. 5

# Impressum

## Controlling in der Verwaltung - woran es bei der Einführung hapert

**Bibliografische Information der deutschen Nationalbibliothek**

Die Deutsche Nationalbibliothek verzeichnet diese Publikation in der deutschen Nationalbibliografie; detaillierte bibliografische Daten sind im Internet über http://dnb.d-nb.de abrufbar.

ISBN: 978-3-7379-0095-9

© 2015 GBI-Genios Deutsche Wirtschaftsdatenbank GmbH, Freischützstraße 96, 81927 München, www.genios.de

Alle Rechte vorbehalten. Dieses Werk ist einschließlich aller seiner Teile – z.B. Texte, Tabellen und Grafiken - urheberrechtlich geschützt. Jede Verwertung außerhalb der Grenzen des Urheberrechtsgesetzes bedarf der vorherigen Zustimmung des Verlags. Dies gilt insbesondere auch für auszugsweise Nachdrucke, fotomechanische

Vervielfältigungen (Fotokopie/Mikroskopie), Übersetzungen, Auswertungen durch Datenbanken oder ähnliche Einrichtungen und die Einspeicherung und Verarbeitung in elektronischen Systemen.